Impressum
Verlag: BABADADA GmbH, Nedderfeld 112 , 22529 Hamburg
Geschäftsführer / Verlagsleitung: Harald Hof
Druck: Books on Demand GmbH, In de Tarpen 42, 22848 Norderstedt

Imprint
Publisher: BABADADA GmbH, Nedderfeld 112 , 22529 Hamburg, Germany
Managing Director / Publishing direction: Harald Hof
Print: Books on Demand GmbH, In de Tarpen 42, 22848 Norderstedt, Germany

școală

škola

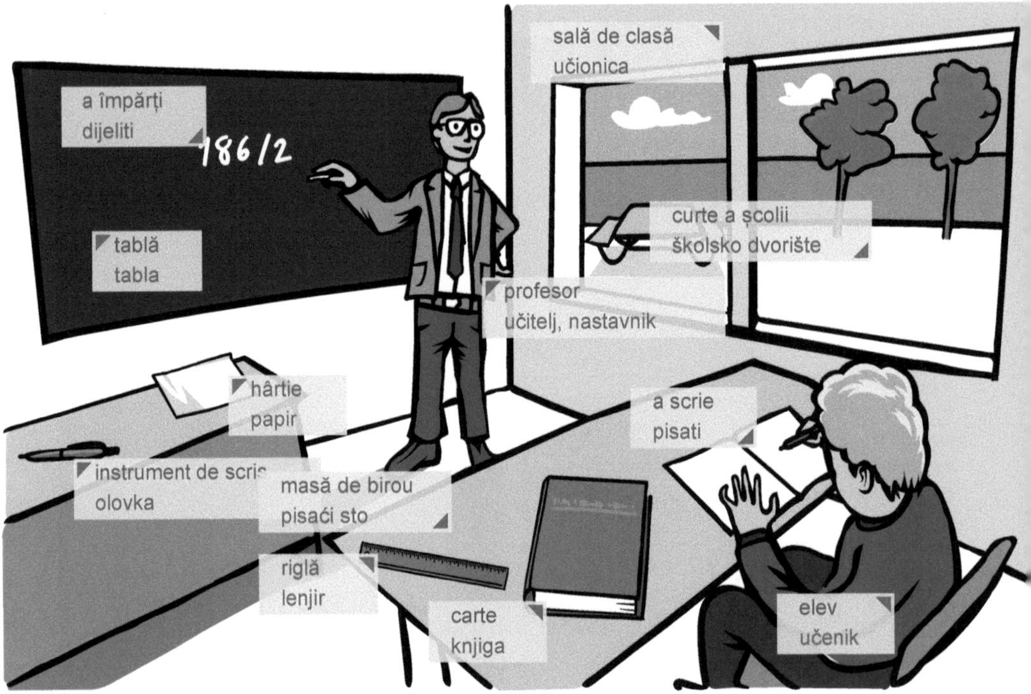

sală de clasă
učionica
a împărți
dijeliti
186/2
tablă
tabla
curte a școlii
školsko dvorište
profesor
učitelj, nastavnik
hârtie
papir
a scrie
pisati
instrument de scri
olovka
masă de birou
pisaći sto
riglă
lenjir
carte
knjiga
elev
učenik

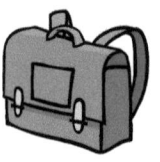

ghiozdan

torba

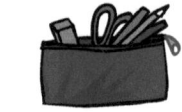

penar

pernica

creion

drvena olovka

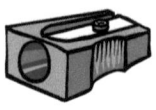

ascuțitoare

šiljalo za olovke

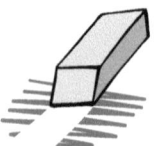

radieră

gumica

bloc de desen

blok za crtanje

desen
....
crtež

pensulă
....
kist

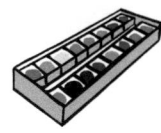

cutie de acuarele
....
kutija s bojama

foarfece
....
makaze

lipici
....
ljepilo

caiet de exerciţii
....
vježbanka

temă
....
domaća zadaća

12

număr
....
broj

2+2

a aduna
....
sabirati

5-2

a scădea
....
oduzimati

2×2

a multiplica
....
množiti

a calcula
....
računati

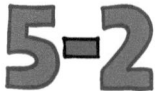

literă
....
slovo

ABCDEFG HIJKLMN OPQRSTU VWXYZ

alfabet
....
abeceda

cuvânt
....
riječ

text
tekst

a citi
čitati

cretă
kreda

oră
sat

catalog
školski dnevnik

examen
ispit

certificat
svjedočanstvo

uniformă școlară
školska uniforma

educație
izobrazba

enciclopedie
leksikon

universitate
univerzitet

microscop
mikroskop

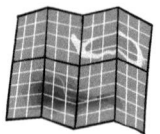

hartă
karta

coș de gunoi
korpa za papir

călătorie
putovanje

hotel
hotel
Grand
hostel
hostel
ROOMS
CHANGE
casă de schimb valutar
mjenjačnica
valiză
kofer
autovehicul
auto

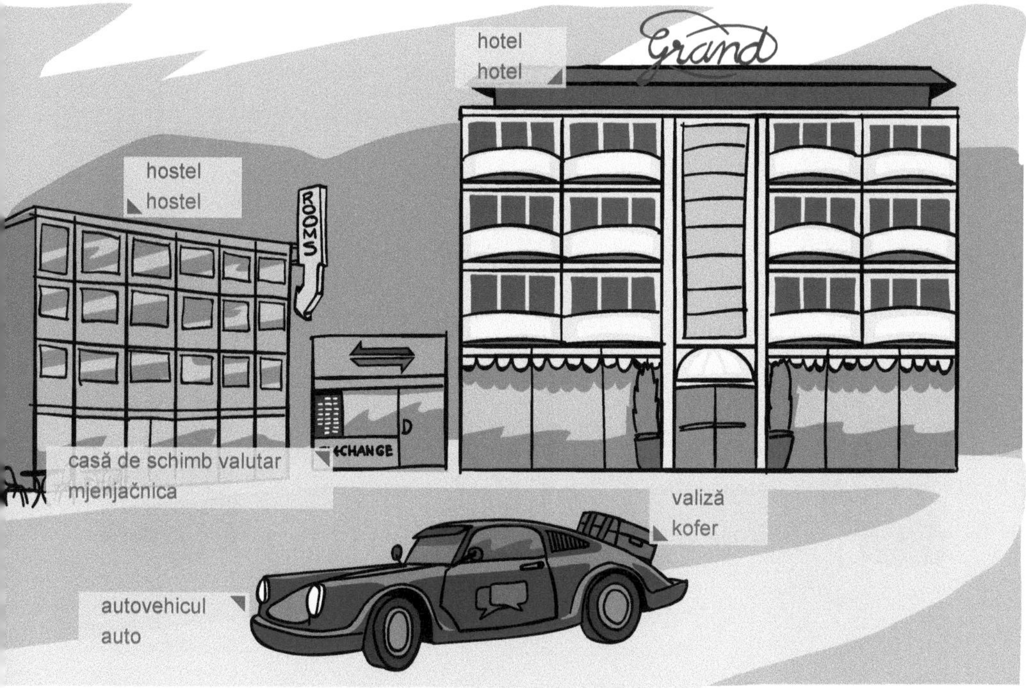

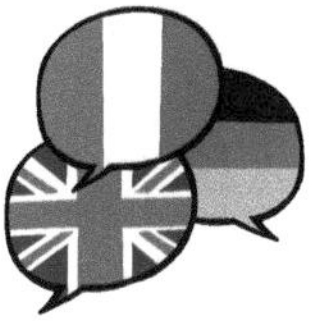

limbă

jezik

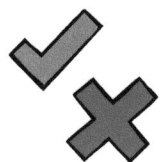

da/nu

da / ne

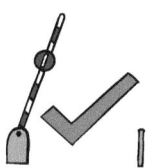

okay

okej

Bună!

zdravo

interpret

tumač

mulțumesc

hvala

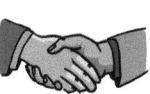

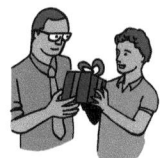

Cât costă...?

Koliko košta...?

Nu înțeleg

Ne razumijem

problemă

problem

Bună seara!

dobro veče!

Bună dimineața!

Dobro jutro!

Noapte bună!

Laku noć!

la revedere

doviđenja

direcție

smjer

bagaj

prtljag

geantă

torba

rucsac

ruksak

oaspete

gost

cameră

soba

sac de dormit

vreća za spavanje

cort

šator

punct de informare turistică
turističke informacije

plajă
plaža

carte de credit
kreditna kartica

mic dejun
doručak

masa de prânz
ručak

cină
večera

bilet de călătorie
putna karta

lift
lift

timbru poştal
poštanska markica

graniţă
granica

vamă
carina

ambasadă
ambasada

viză
viza

paşaport
pasoš

transport
transport

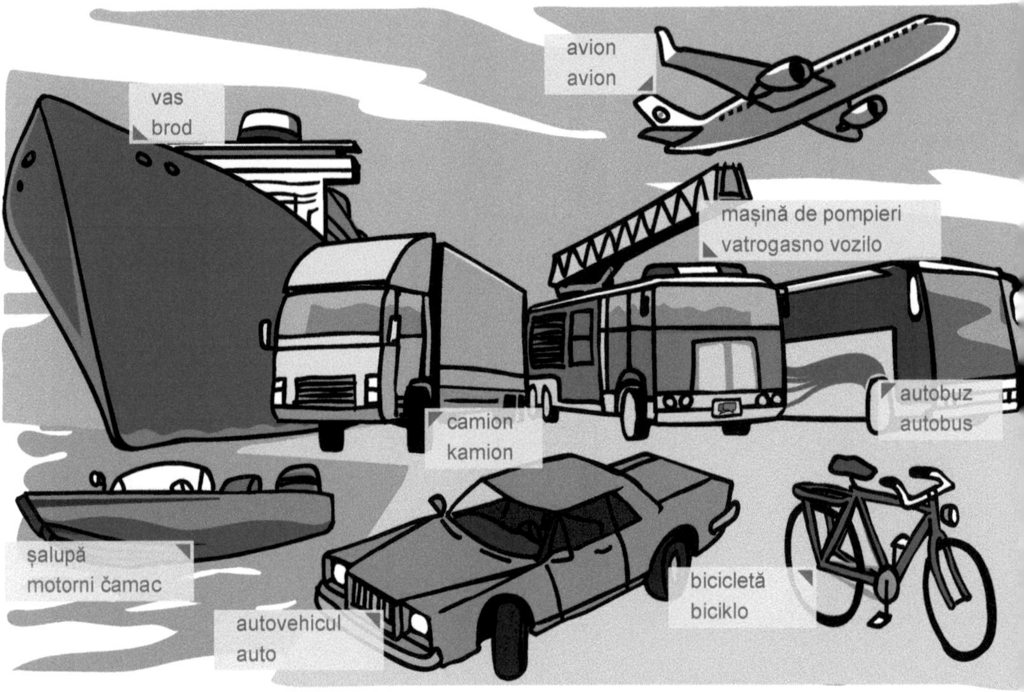
vas
brod
avion
avion
mașină de pompieri
vatrogasno vozilo
autobuz
autobus
camion
kamion
șalupă
motorni čamac
bicicletă
biciklo
autovehicul
auto

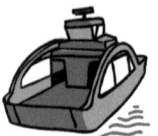

feribot

trajekt

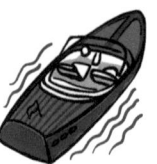

barcă

brod

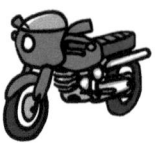

motocicletă

motocikl

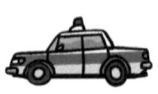

mașină de poliție

policijski automobil

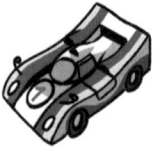

mașină de curse

trkaći automobil

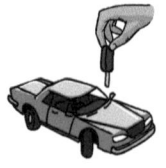

mașină închiriată

unajmljeni automobil

car sharing

kar-šering

mașină de tractat

pauk

mașină de gunoi

smećarsko vozilo

motor

motor

combustibil

gorivo

benzinărie

benzinska pumpa

semn de circulație

saobraćajni znak

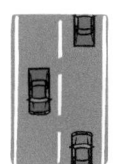

trafic

saobraćaj

ambuteiaj

zastoj

parcare

parking

gară

željeznička stanica

șine

šine

tren

voz

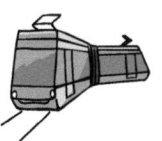

tramvai

tramvaj

vagon

vagon

elicopter

helikopter

aeroport

aerodrom

turn

toranj

pasager

putnik

container

kontejner

carton

karton

căruță

tačke

coș

korpa

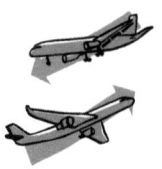

a decola/a ateriza

poletjeti / sletjeti

oraș

grad

sat

selo

centru

centar grada

casă

kuća

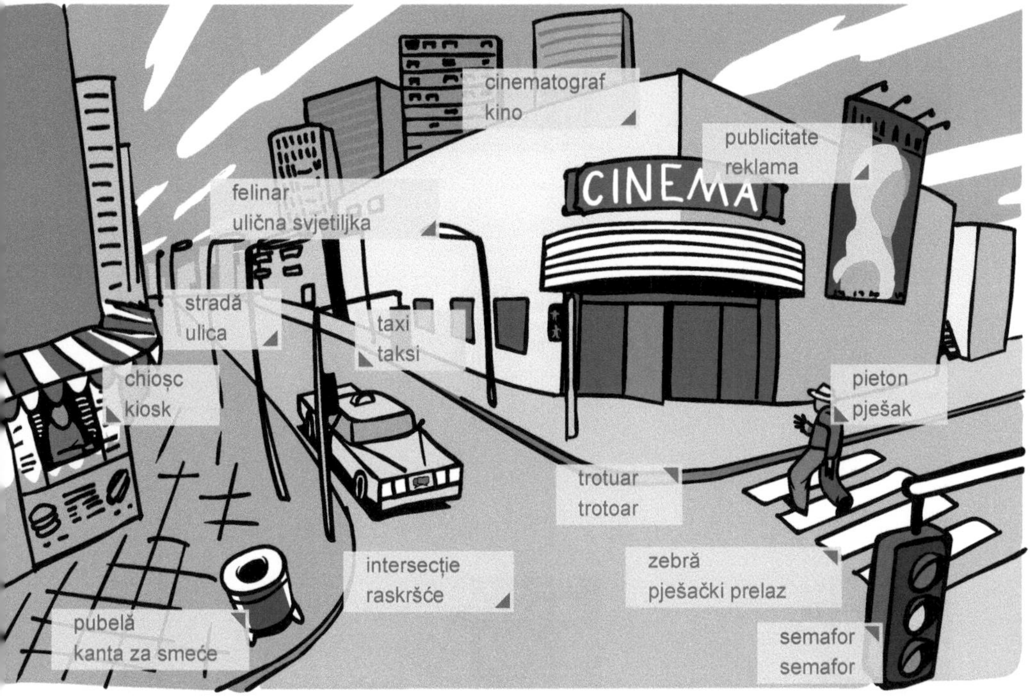

cinematograf
kino

publicitate
reklama

felinar
ulična svjetiljka

CINEMA

stradă
ulica

taxi
taksi

pieton
pješak

chioșc
kiosk

trotuar
trotoar

intersecție
raskršće

zebră
pješački prelaz

pubelă
kanta za smeće

semafor
semafor

cabană
koliba

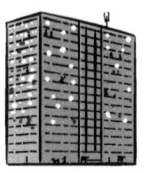

apartament
stan

gară
željeznička stanica

primărie
vjećnica

muzeu
muzej

școală
škola

oraș - grad

universitate

univerzitet

bancă

banka

spital

bolnica

hotel

hotel

farmacie

apoteka

birou

ured

librărie

knjižara

magazin

radnja

florărie

cvjećara

supermarket

supermarket

piață

pijaca

magazin universal

robna kuća

comerciant de pește

prodavač ribe

centru comercial

trgovački centar

port

luka

parc

park

bancă

klupa

pod

most

trepte

stepenice

metrou

podzemna željeznica

tunel

tunel

stație de autobuz

autobuska stanica

bar

bar

restaurant

restoran

cutie poștală

poštanski sandučić

tăbliță indicatoare cu numele străzii

saobraćajni znak

parcometru

sat za naplatu parkinga

grădină zoologică

zoološki vrt

piscină

bazen

moschee

džamija

gospodărie țărănească

seosko imanje

poluare

zagađenje okoline

cimitir

groblje

biserică

crkva

loc de joacă

igralište

templu

hram

peisaj

krajolik

frunză
list

indicator
putokaz

drum
putokaz

pajiște
livada

piatră
kamen

copac
drvo

drumeț
putnik

râu
rijeka

iarbă
trava

floare
cvijet

vale
....
dolina

deal
....
brdo

lac
....
jezero

pădure
....
šuma

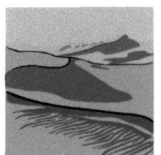

deșert
....
pustinja

vulcan
....
vulkan

castel
....
dvorac

curcubeu
....
duga

ciupercă
....
gljiva

palmier
....
palma

țânțar
....
komarac

muscă
....
muha

furnică
....
mrav

albină
....
pčela

păianjen
....
pauk

gândac

buba

broască

žaba

veveriță

vjeverica

arici

jež

iepure

zec

bufniță

sova

pasăre

ptica

lebădă

labud

porc mistreț

divlja svinja

cerb

jelen

elan

los

dig

brana

turbină eoliană

vjetrenjača

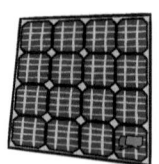

panou solar

solarni modul

climă

klima

restaurant
restoran

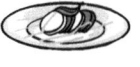

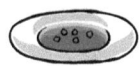

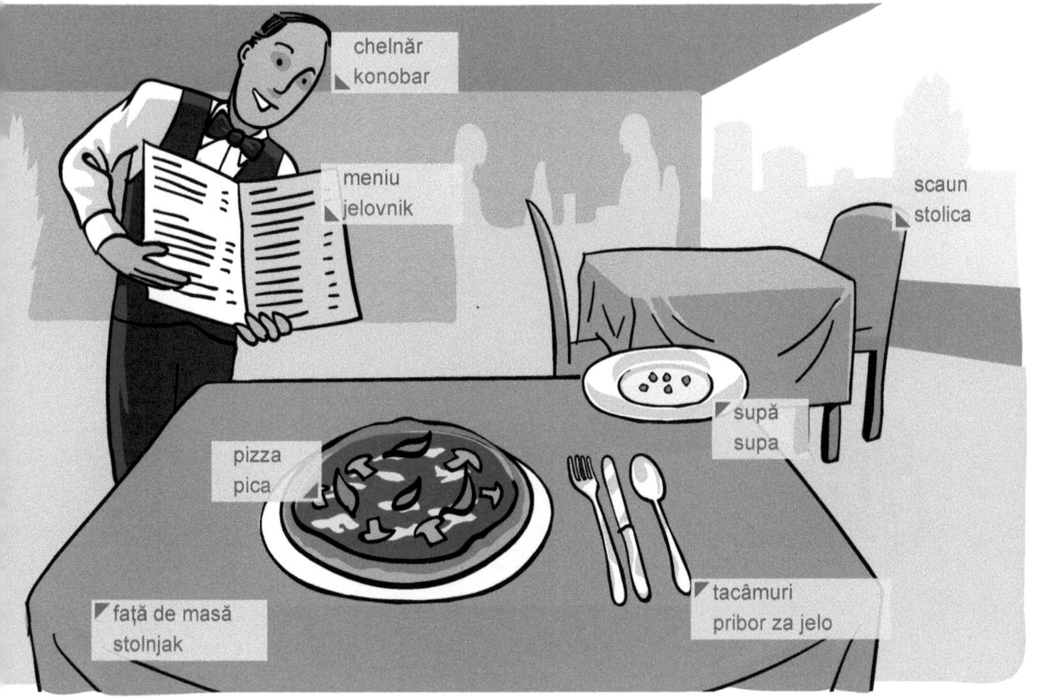

chelnăr
konobar
meniu
jelovnik
scaun
stolica
supă
supa
pizza
pica
tacâmuri
pribor za jelo
față de masă
stolnjak

antreu

predjelo

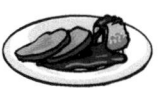

fel principal

glavno jelo

desert

desert

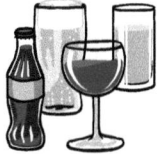

băuturi

piće

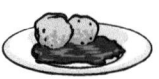

mâncare

jelo

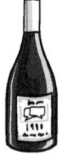

sticlă

flaša

fastfood

brza hrana

streetfood

jelo sa ulice

ceainic

čajnik

zaharniță

šećernica

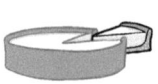

porție

porcija

espressor

mašina za espreso

scaun înalt (pentru copii)

barska stolica

factură

račun

tavă

tacna

cuțit

nož

furculiță

viljuška

lingură

kašika

linguriță

kašičica

șervețel

salveta

pahar

čaša

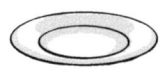

farfurie

·············

tanjir

farfurie de supă

·············

tanjir za supu

farfurie

·············

tanjurić

sos

·············

sos

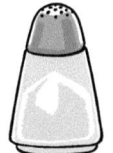

solniță

·············

solanik

râșniță de piper

·············

mlin za biber

oțet

·············

sirće

ulei

·············

ulje

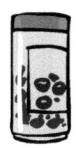

condimente

·············

začini

ketchup

·············

kečap

muștar

·············

senf

maioneză

·············

majoneza

supermarket
supermarket

ofertă
ponuda
FOR
client
klijent
produse lactate
mliječni proizvodi
fructe
voće
cărucior de cumpărături
kolica za kupovinu

BUTCHERS

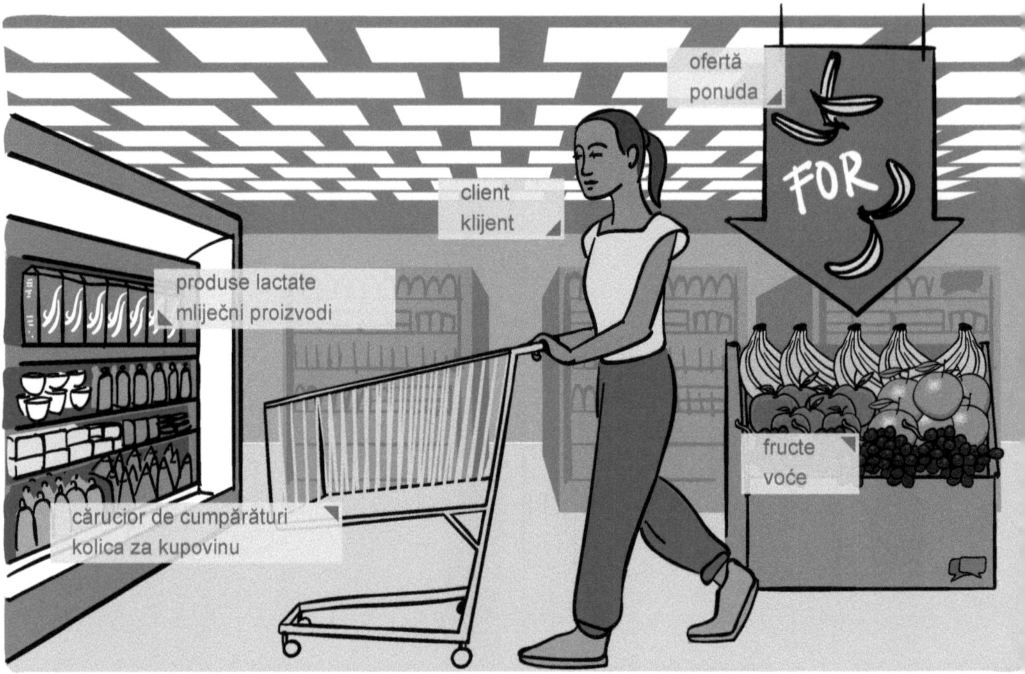

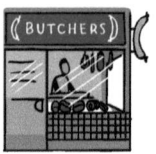

măcelărie

mesnica- klaonica

BAKERY

brutărie

pekara

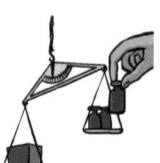

a cântări

vagati

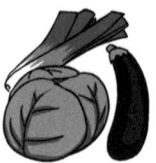

legume

povrće

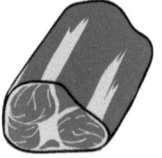

carne

meso

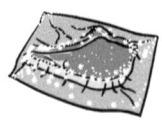

alimente refrigerate

zaleđena hrana

mezeluri și brânzeturi feliate

narezak

conserve

konzerve

detergent

prašak za veš

dulciuri

slatkiši

articole de menaj

kućanski proizvodi

produse de curățenie

sredstvo za čišćenje

vânzătoare

prodavačica

casă

kasa

casier

blagajnik

listă de cumpărături

lista za kupovinu

orar

radno vrijeme

portmoneu

novčanik

carte de credit

kreditna kartica

geantă

torba

pungă de plastic

najlonska vrećica

apă

voda

suc

sok

lapte

mlijeko

cola

kola

vin

vino

bere

pivo

alcool

alkohol

cacao

kakao

ceai

čaj

cafea

kafa

espresso

espreso

cappucino

kapućino

banane

banana

măr

jabuka

portocală

narandža

pepene

lubenica

lămâie

limun

morcov

mrkva

usturoi

bijeli luk

bambus

bambus

ceapă

crveni luk

ciupercă

gljiva

nuci

orašasti plodovi

paste făinoase

pasta

spagheti

špagete

orez

riža

salată

salata

cartofi prăjiți

pomfrit

cartofi țărănești

pečeni krompir

pizza

pica

hamburger

hamburger

sandwich

sendvič

șnițel

šnicla

șuncă

šunka

salam

kobasica

cârnați

kobasica

pui

kokoš

friptură

pečenje

pește

riba

fulgi de ovăz
zobene pahuljice

musli
muzli

cereale
kornfleks

făină
brašno

corn
kroason

chifle
zemičke

pâine
kruh

pâine prăjită
tost

biscuiți
keksi

unt
maslac

brânză de vaci
svježi sir

prăjitură
kolač

ou
jaje

ouă ochiuri
jaje na oko

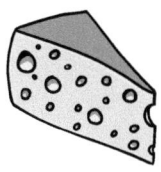

brânză
sir

mâncare - jelo

îngheţată

sladoled

zahăr

šećer

miere

med

marmeladă

marmelada

cremă nuga

nugat krema

curry

kuri

gospodărie țărănească
seosko imanje

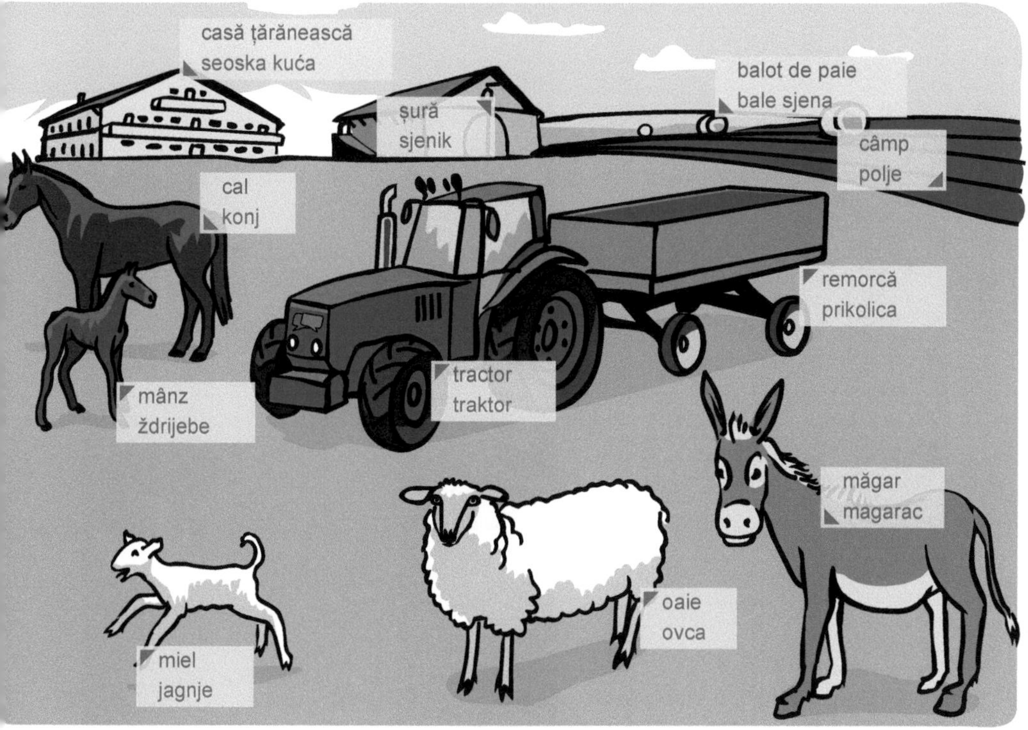

casă țărănească
seoska kuća
șură
sjenik
balot de paie
bale sjena
câmp
polje
cal
konj
remorcă
prikolica
tractor
traktor
mânz
ždrijebe
măgar
magarac
oaie
ovca
miel
jagnje

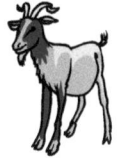

capră

koza

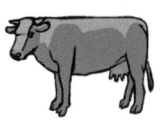

vacă

krava

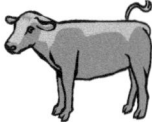

vițel

tele

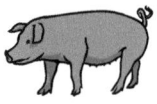

porc

svinja

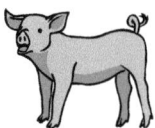

purcel

prase

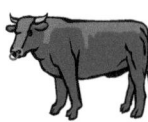

taur

bik

găină
guska

rață
patka

pui
pile

găină
kokoška

cocoș
pjetao

șobolan
pacov

pisică
mačka

șoarece
miš

bou
vol

câine
pas

cușcă
pseća kućica

furtun de grădină
crijevo za baštu

stropitoare
kanta za zalijevanje

coasă
kosa

plug
plug

seceră
srp

sapă
motika

furcă
vile

secure
sjekira

roabă
tačke

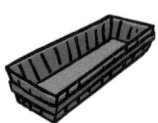

troacă
korito

cană pentru lapte
bokal za mlijeko

sac
vreća

gard
ograda

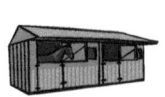

grajd
štala

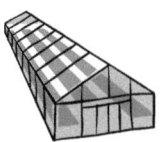

seră
staklenik

sol
tlo

sămânță
sjeme

fertilizator
đubrivo

combină de treierat
kombajn

a culege

kositi

recoltă

žetva

cartof yam

jam korijen

grâu

pšenica

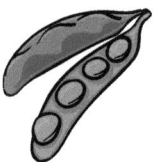

soia

soja

cartof

krompir

porumb

kukuruz

rapiță

uljana repica

pom fructifer

drvo voća

manioc

manioka

cereale

žito

casă
kuća

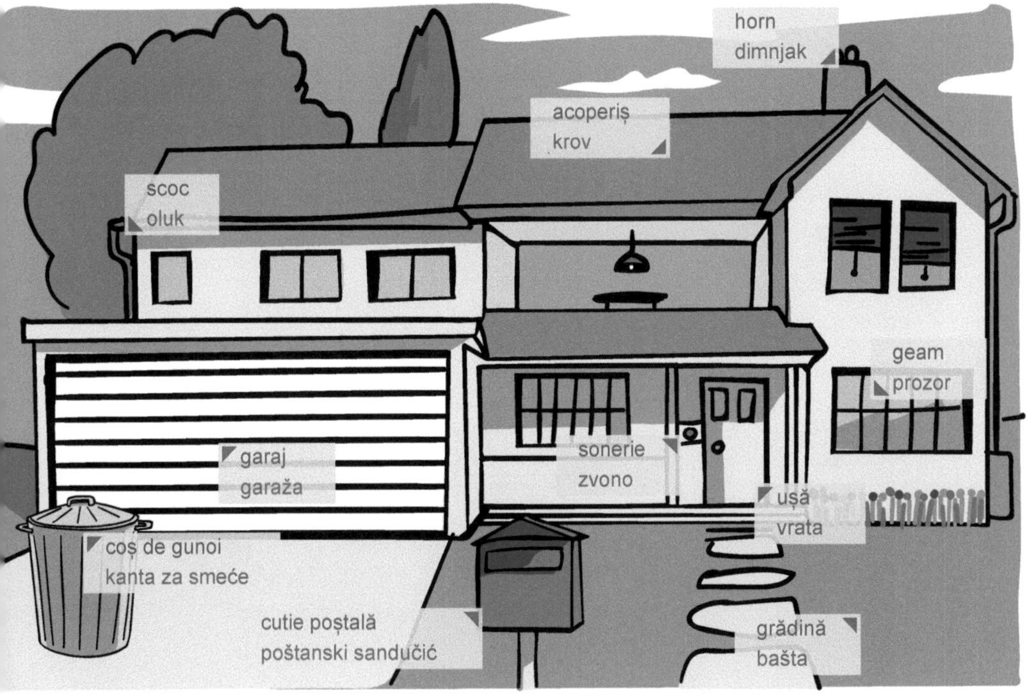
horn
dimnjak
acoperiș
krov
scoc
oluk
geam
prozor
garaj
garaža
sonerie
zvono
ușă
vrata
coș de gunoi
kanta za smeće
cutie poștală
poštanski sandučić
grădină
bašta

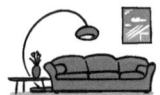

cameră de zi

dnevni boravak

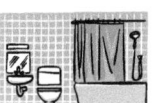

baie

kupatilo

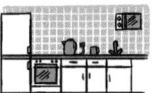

bucătărie

kuhinja

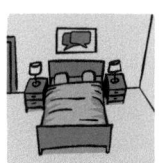

dormitor

spavaća soba

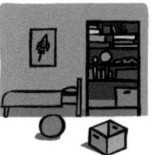

camera copiilor

dječija soba

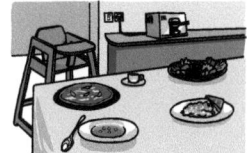

sufragerie

trpezarija

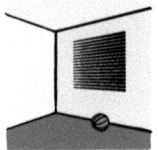

podea

pod, tlo

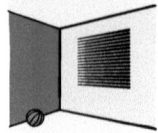

perete

zid

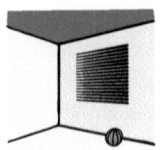

tavan

plafon

pivniță

podrum

saună

sauna

balcon

balkon

terasă

terasa

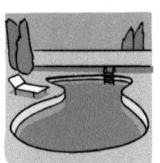

piscină

bazen

maşină de tuns iarba

kosilica

cearşaf

posteljina

cuvertură

pokrivač

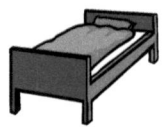

pat

krevet

mătură

metla

găleată

kanta

întrerupător

prekidač

casă - kuća

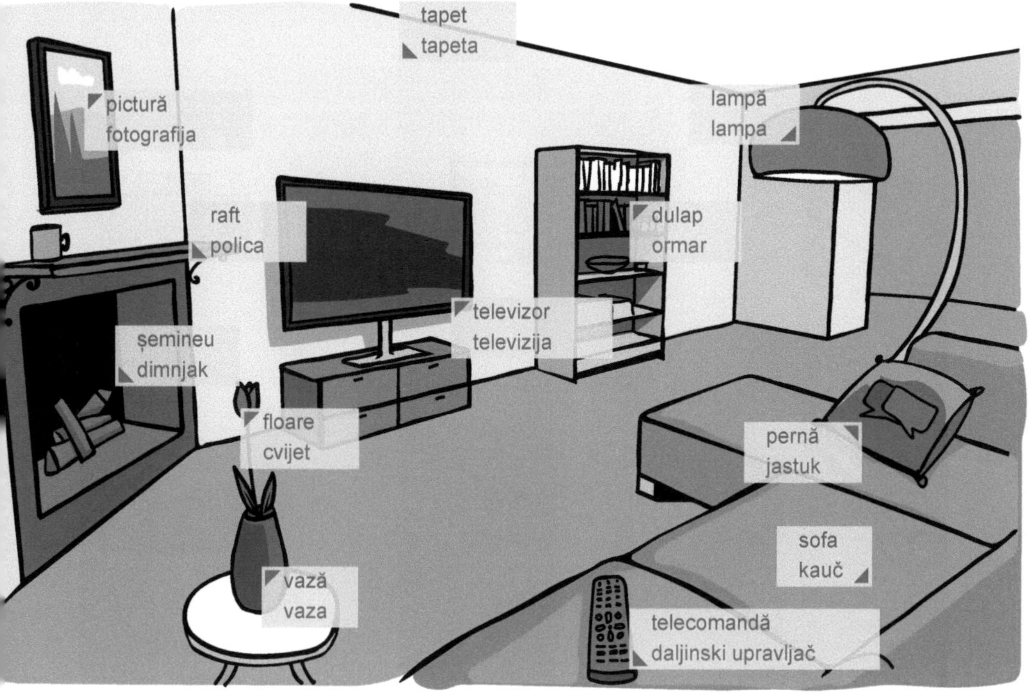

tapet
tapeta

pictură
fotografija

lampă
lampa

raft
polica

dulap
ormar

televizor
televizija

șemineu
dimnjak

floare
cvijet

pernă
jastuk

sofa
kauč

vază
vaza

telecomandă
daljinski upravljač

covor

tepih

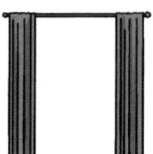

perdea

zavjesa

masă

stol

scaun

stolica

balansoar

stolica za ljuljanje

fotoliu

fotelja

carte

knjiga

pătură

deka

decoraţiune

dekoracija

lemn de foc

ložno drvo

film

film

instalaţie stereo

stereo uređaj

cheie

ključ

ziar

novine

desen

umjetnička slika

poster

poster

radio

radio

caiet de notiţe

blok za bilješke

aspirator

usisavač

cactus

kaktus

lumânare

svijeća

bucătărie
kuhinja

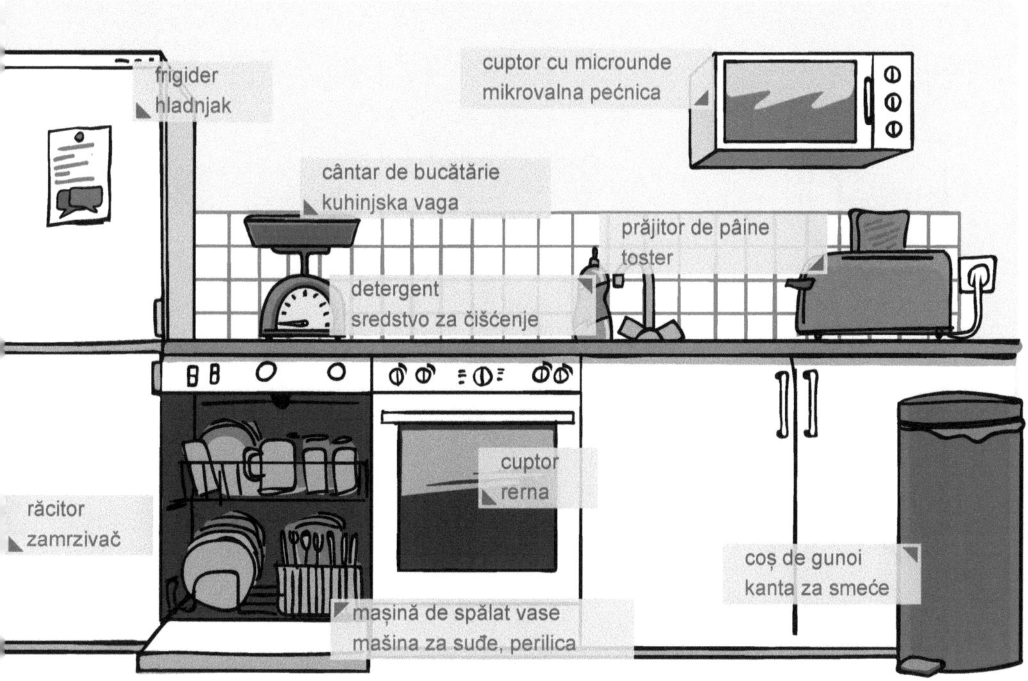

frigider
hladnjak
cuptor cu microunde
mikrovalna pećnica
cântar de bucătărie
kuhinjska vaga
prăjitor de pâine
toster
detergent
sredstvo za čišćenje
cuptor
rerna
răcitor
zamrzivač
coș de gunoi
kanta za smeće
mașină de spălat vase
mašina za suđe, perilica

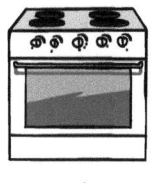

cuptor

peć

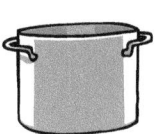

oală

lonac

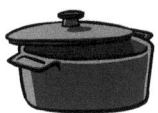

oală de metal

metalni lonac

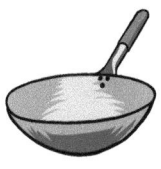

wok/kadai

vok / kadai

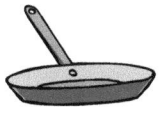

tigaie

tava, tiganj

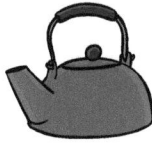

ceainic

kuhalo

oală de gătit cu aburi

aparat za kuhanje na pari

tavă de copt

lim za pečenje

veselă

posuđe

pahar

šalica

bol

činija

bețișoare

kineski štapići

polonic

kutlača

spatulă

lopatica

tel

metlica za snijeg bjelanjca

sită

sito za kuhanje

sită

sito

răzătoare

ribež

mojar

avan s tučkom

grătar

roštilj

loc pentru grătar

ložište

tocător
daska

sucitor
oklagija

tirbușon
vadičep

conservă
konzerva

deschizător de conserve
otvarač za konzerve

șervete termice
krpe za lonac

chiuvetă
sudoper

perie
četka

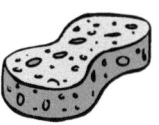

burete
spužva

mixer
mikser

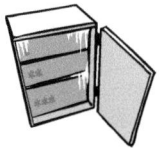

ladă frigorifică
zamrzivač

biberon
flašica za bebu

robinet
slavina

baie
kupatilo

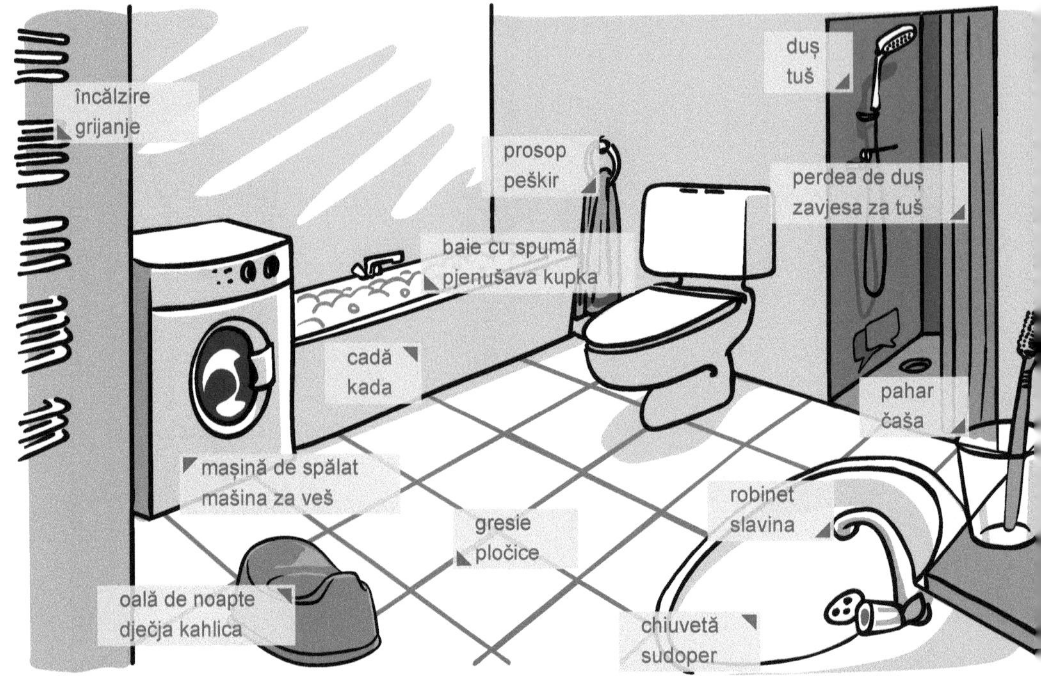

duș
tuš
încălzire
grijanje
prosop
peškir
perdea de duș
zavjesa za tuš
baie cu spumă
pjenušava kupka
cadă
kada
pahar
čaša
mașină de spălat
mašina za veš
robinet
slavina
gresie
pločice
oală de noapte
dječja kahlica
chiuvetă
sudoper

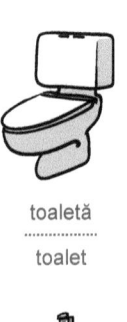

toaletă
toalet

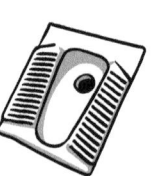

toaletă turcescă
čučavac

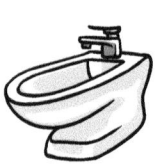

bideu
bide

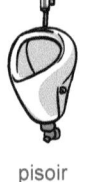

pisoir
pisoar

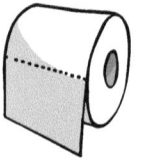

hârtie igienică
toalet papir

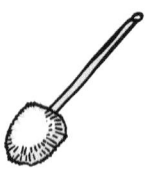

perie de toaletă
četka za wc

periuță de dinți

četkica za zube

pastă de dinți

pasta za zube

ață dentară

zubni konac

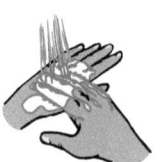

a spăla

prati

cap de duș

tuš

duș intim

intimni tuš

lavoar

lavor

perie pentru spate

četka za leđa

săpun

sapun

gel de duș

gel za tuširanje

șampon

šampon

cârpă de spălat

krpe za pranje

scurgere

odvod

cremă

krema

deodorant

dezodorans

oglindă
ogledalo

oglindă cosmetică
ogledalo za šminkanje

aparat de ras
brijač

spumă de ras
pjena za brijanje

aftershave
vodica poslije brijanja

pieptene
češalj

perie
četka

uscător de păr
fen

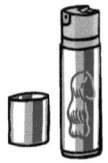

fixator
sprej za kosu

machiaj
puder

ruj
karmin

lac de unghii
lak za nokte

vată
vata

foarfece de unghii
makazice za nokte

parfum
parfem

neseser

kozmetička torbica

taburet

hoklica

cântar

vaga

halat de baie

kupaći ogrtač

mănuși de cauciuc

rukavice za čišćenje

tampon

tampon

tampon

uložak za dame

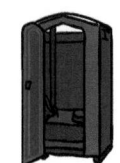

toaletă chimică

hemijski toalet

camera copiilor
dječija soba

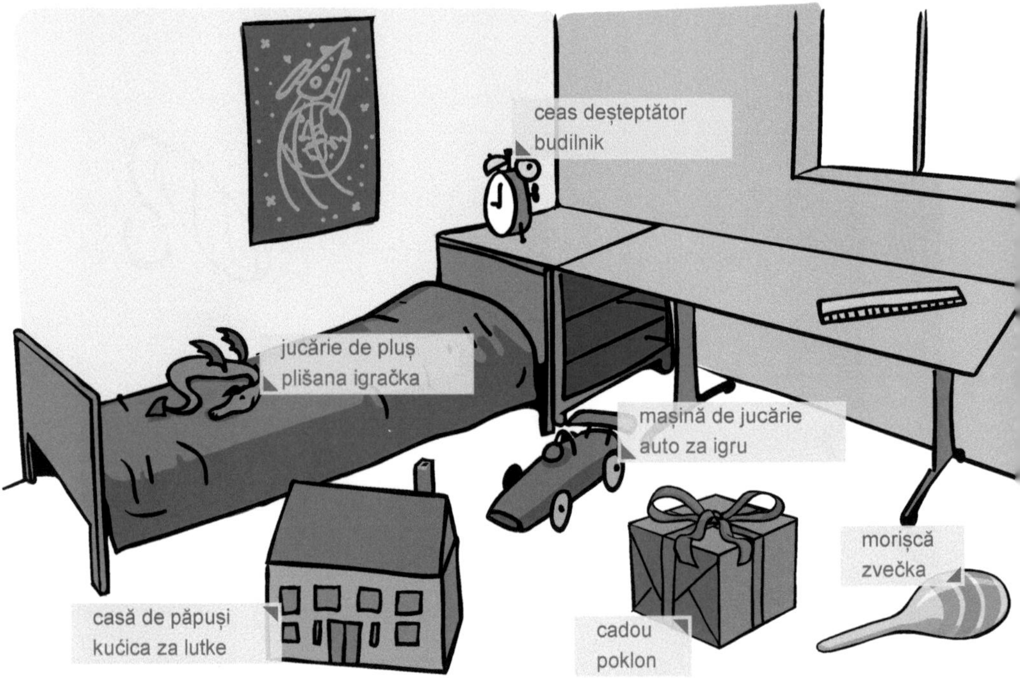
ceas deșteptător
budilnik
jucărie de pluș
plišana igračka
mașină de jucărie
auto za igru
morișcă
zvečka
casă de păpuși
kućica za lutke
cadou
poklon

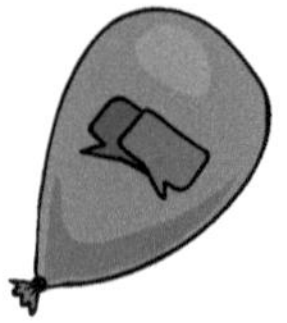

balon

balon

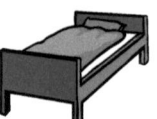

pat

krevet

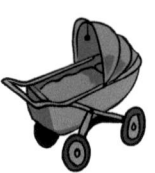

cărucior de copii

kolica za djecu

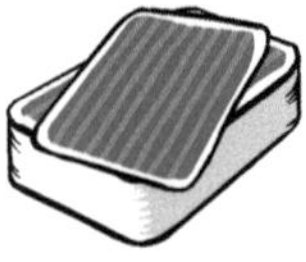

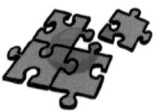

joc de cărți

karte za igranje

puzzle

puzle

SUPER MEGA

revistă de benzi desenate

strip

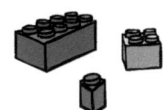

cuburi lego

lego kockice

piese pentru construcții

kockice za gradnju

personaj din filmele de acțiune

akcione figure

body

benkica

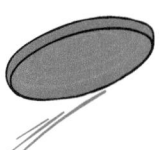

frisbee

frizbi

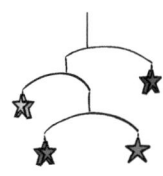

mobil

mobile

joc de societate

igra na ploči

zar

kocka

set trenuleț de jucărie

miniatura željeznice

suzetă

cucla

petrecere

zabava

carte cu poze

slikovnica

minge

lopta

păpușă

lutka

a se juca

igrati

groapă de nisip

pješćanik

leagăn

ljuljačka

jucării

igračke

consolă video

konzola za igru

tricicletă

triciklo

ursuleț

medvjedić

dulap

ormar

îmbrăcăminte

odjeća

șosete

kratke čarape

ciorapi

čarape

dres

hulahopke

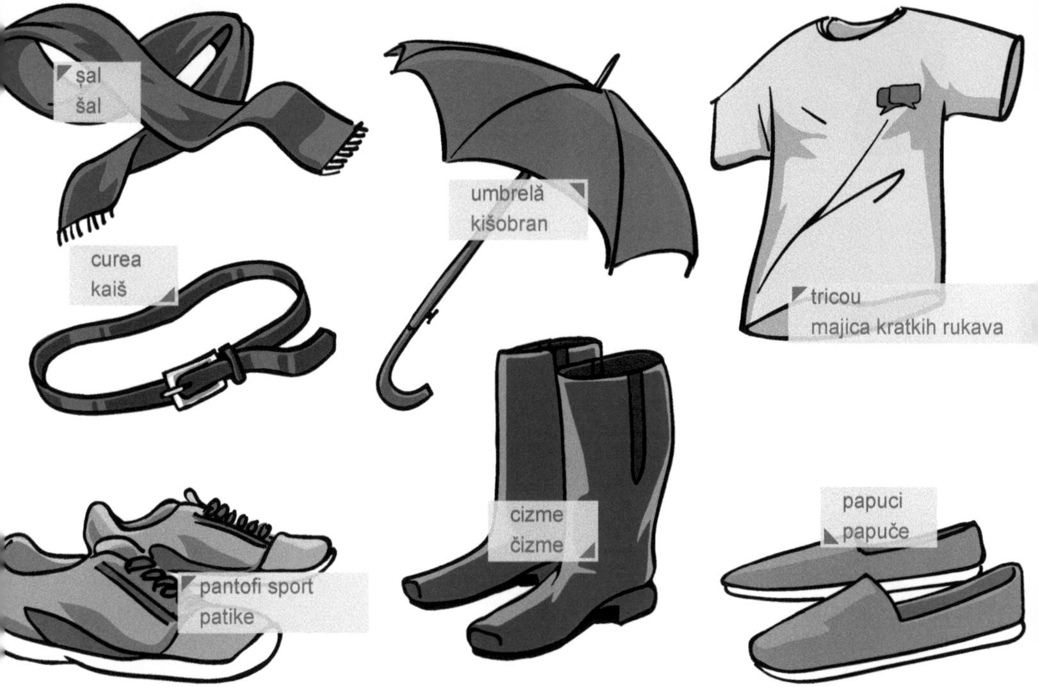

șal
šal

curea
kaiš

umbrelă
kišobran

tricou
majica kratkih rukava

pantofi sport
patike

cizme
čizme

papuci
papuče

sandale
·················
sandale

încălțăminte
·················
cipele

cizme de cauciuc
·················
gumene čizme

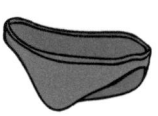

chilot
·················
gaće

sutien
·················
grudnjak

maiou
·················
potkošulja

body
bodi

pantaloni
hlače

blugi
farmerke

fustă
suknja

bluză
bluza

cămaşă
košulja

pulover
džemper

jerseu
majica

sacou
sako

jachetă
jakna

palton
mantil

pelerină de ploaie
kišni mantil

costum
kostim

rochie
haljina

rochie de mireasă
vjenčanica

costum
odijelo

cămașă de noapte
spavaćica

pijama
pidžama

sari
sari

batic
marama

turban
turban

burka
burka

caftan
kaftan

abaya
abaja

costum de baie
kupaći kostim

șort
kupaće gaće

pantaloni scurți
kratke hlače

trening
trenerka

șorț
pregača

mănuși
rukavice

nasture

dugme

ochelari

naočare

brățară

narukvica

lanț

ogrlica

inel

prsten

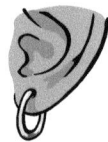

cercel

naušnica

căciulă

kapa

umeraș

vješalica

pălărie

šešir

cravată

kravata

fermoar

patentni zatvarač

cască

kaciga

bretele

tregeri za hlače

uniformă școlară

školska uniforma

uniformă

uniforma

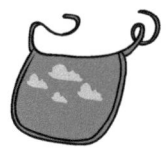

bavețică

podbradak

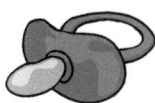

suzetă

cucla

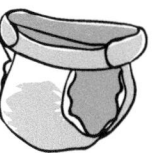

scutec

pelene

birou

ured

server
server
dulap de acte
ormar za kartoteku
imprimantă
štampač
hârtie
papir
monitor
monitor
mouse
miš
masă de birou
pisaći sto
fișier
registrator
tastatură
tastatura
coș de gunoi
korpa za papir
computer
kompjuter
scaun
stolica

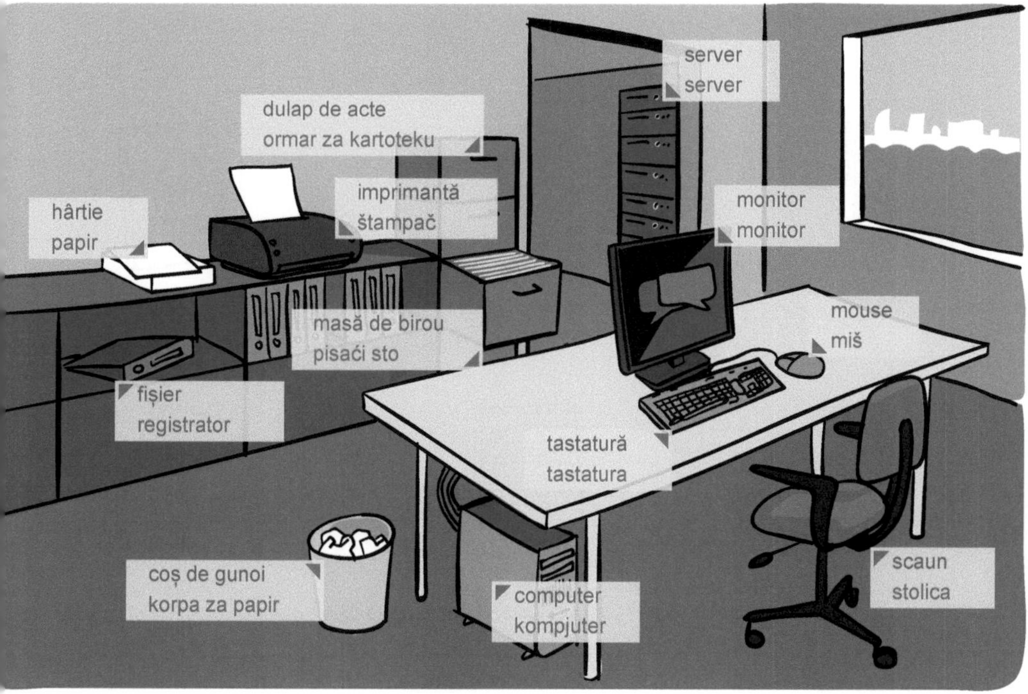

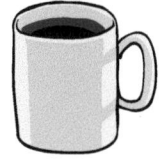

ceașcă de cafea

šolja za kafu

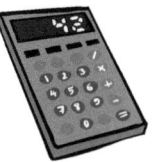

calculator

kalkulator

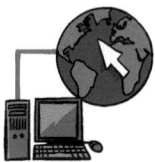

internet

internet

laptop
laptop

scrisoare
pismo

mesaj
poruka

telefon mobil
mobilni telefon

reţea
mreža

copiator
aparat za kopiranje

software
softver

telefon
telefon

priză
utičnica

fax
faks

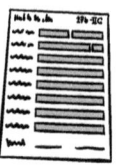

formular
formular

document
dokument

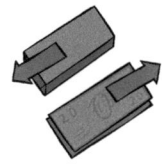

a cumpăra
....
kupovati

a plăti
....
platiti

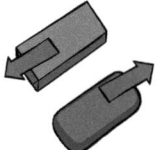

a face comerţ
....
trgovati

bani
....
novac

Dolar
....
dolar

Euro
....
euro

Yen
....
jen

Rublă
....
rublja

Franc Elveţian
....
franak

renminbi yuan
....
renminbi jen

Rupie
....
rupi

bancomat
....
bankomat

casă de schimb valutar

mjenjačnica

aur

zlato

argint

srebro

petrol

nafta

energie

energija

preț

cijena

contract

ugovor

impozit

porez

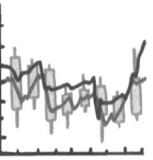

acțiune

akcija

a munci

raditi

angajat

službenik

angajator

poslodavac

fabrică

fabrika

magazin

radnja

ocupații
zanimanja

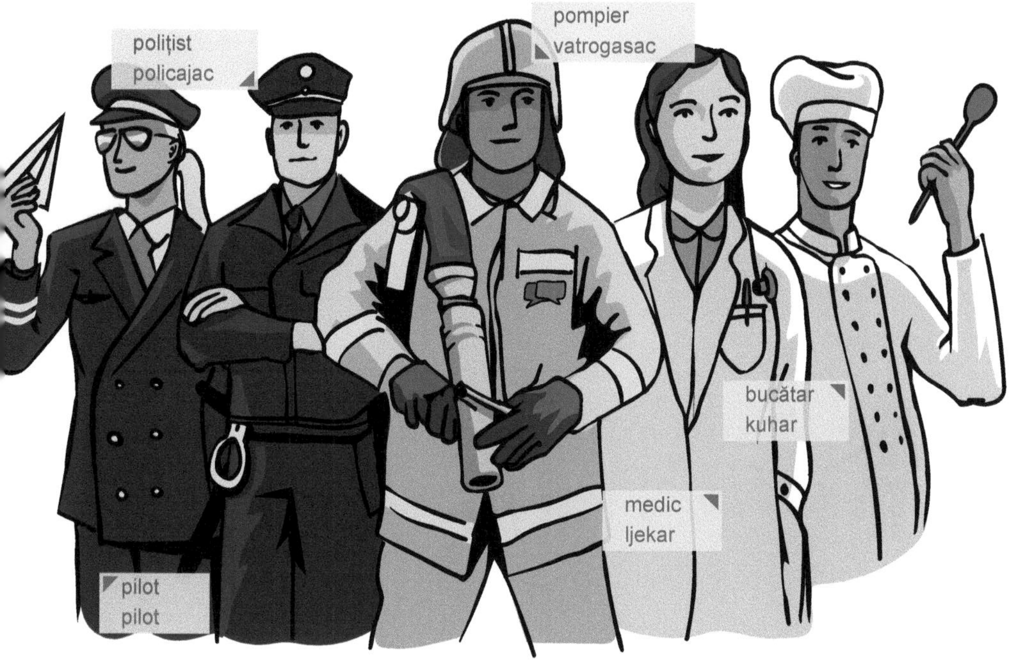

polițist
policajac
pompier
vatrogasac
bucătar
kuhar
medic
ljekar
pilot
pilot

grădinar

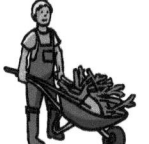

baštovan

tâmplar

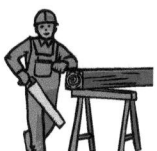

stolar

cusătoreasă

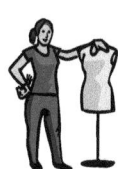

krojačica

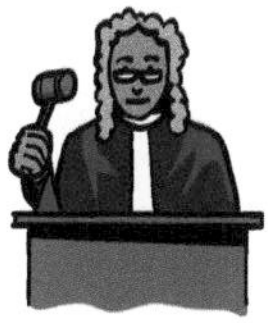

judecător

sudija

chimist

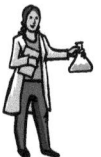

hemičar

actor

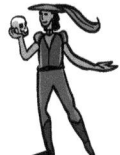

glumac

șofer de autobuz

vozač autobusa

șofer de taxi

vozač taksija

pescar

ribar

femeie de serviciu

čistačica

tinichigiu

krovopokrivač

chelnăr

konobar

vânător

lovac

pictor

moler

brutar

pekar

electrician

električar

muncitor în construcții

građevinski radnik

inginer

inženjer

măcelar

koljač

instalator

limar, vodoinstalater

poștaș

poštar

soldat

vojnik

arhitect

arhitekta

casier

blagajnik

florar

cvjećar

frizer

frizer

controlor

kontrolor

mecanic

mehaničar

căpitan

kapiten

stomatolog

zubar

om de știință

naučnik

rabin

rabin

imam

imam

călugăr

monah

preot

sveštenik

instrumente
alat

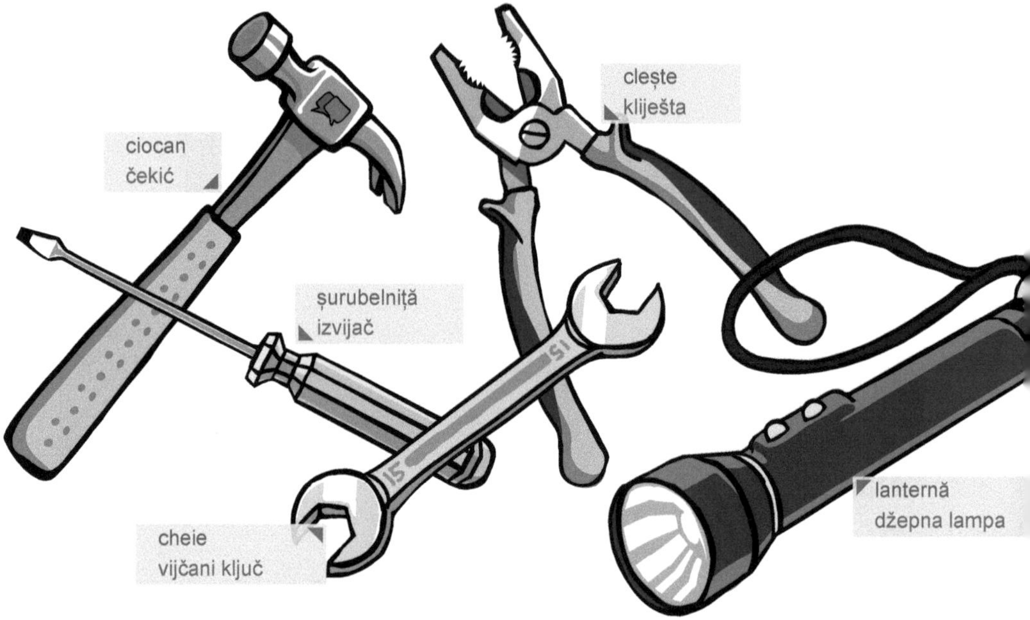

ciocan
čekić
clește
kliješta
șurubelniță
izvijač
cheie
vijčani ključ
lanternă
džepna lampa

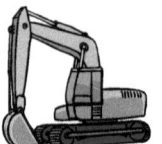

excavator

bager

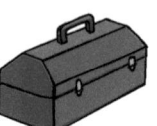

cutie de scule

kutija sa alatom

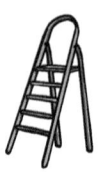

scară

ljestve

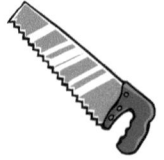

ferăstrău

testera, pila

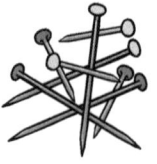

cuie

ekser

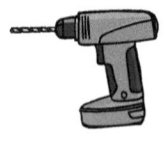

burghiu

bušilica

a repara

popraviti

lopată

lopata

La naiba!

sranje!

făraș

lopatica

vas pentru vopsea

kanta boje

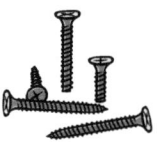

șuruburi

vijak

instrumente muzicale
muzički instrumenti

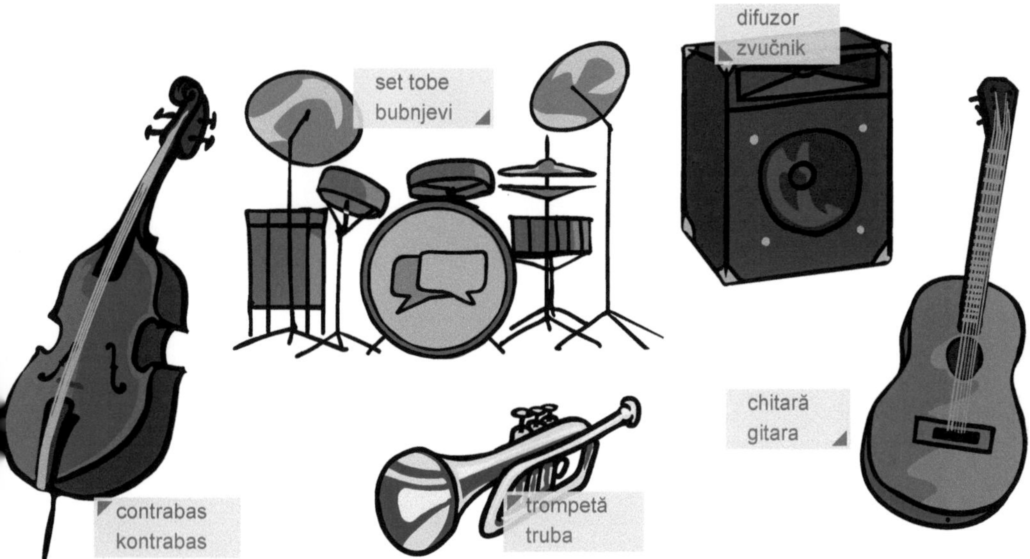

difuzor
zvučnik

set tobe
bubnjevi

contrabas
kontrabas

trompetă
truba

chitară
gitara

pian

klavir

vioară

violina

bas

bas

trombon

bubanj timpani

tobă

bubanj

keyboard

sintisajzer

saxofon

saksofon

fluier

flauta

microfon

mikrofon

instrumente muzicale - muzički instrumenti

grădină zoologică
zološki vrt

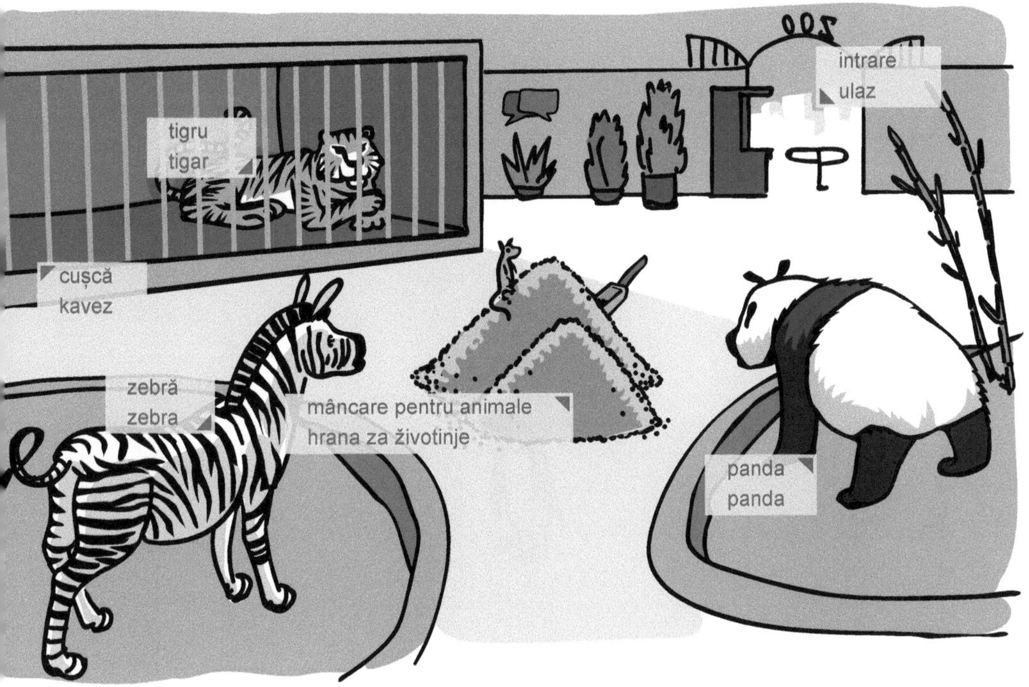

intrare
ulaz
tigru
tigar
cușcă
kavez
zebră
zebra
mâncare pentru animale
hrana za životinje
panda
panda

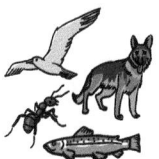

animale

životinje

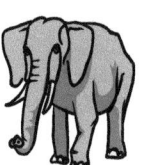

elefant

slon

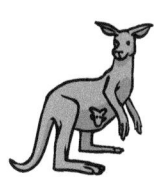

cangur

kengur

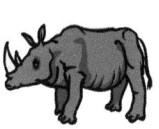

rinocer

nosorog

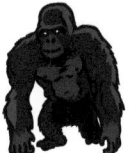

gorilă

gorila

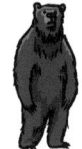

urs

medvjed

cămilă

kamila

struț

noj

leu

lav

maimuță

majmun

flamingo

flamingo

papagal

papagaj

urs polar

polarni medvjed

pinguin

pingvin

rechin

morski pas

păun

paun

șarpe

zmija

crocodil

krokodil

îngrijitor grădina zoologică

čuvar u zološkom vrtu

focă

tuljan

jaguar

jaguar

ponei
poni

leopard
leopard

hipopotam
nilski konj

girafă
žirafa

acvilă
orao

porc mistreț
divlja svinja

pește
riba

broască țestoasă
kornjača

morsă
morž

vulpe
lisica

gazelă
gazela

fotbal american
američki fudbal

ciclism
vožnja bicikla

tenis
tenis

basketball
košarka

înot
plivanje

box
boks

hockey pe gheață
hokej na ledu

fotbal
fudbal

badminton
bedminton

atletism
laka atletika

handbal
rukomet

schi
skijanje

polo
polo

activități
aktivnosti

a râde
smijati se
a sări
skakati
a îmbrățișa
zagrliti
a merge
ići
a cânta
pjevati
a visa
sanjati
a se ruga
moliti
a săruta
ljubiti

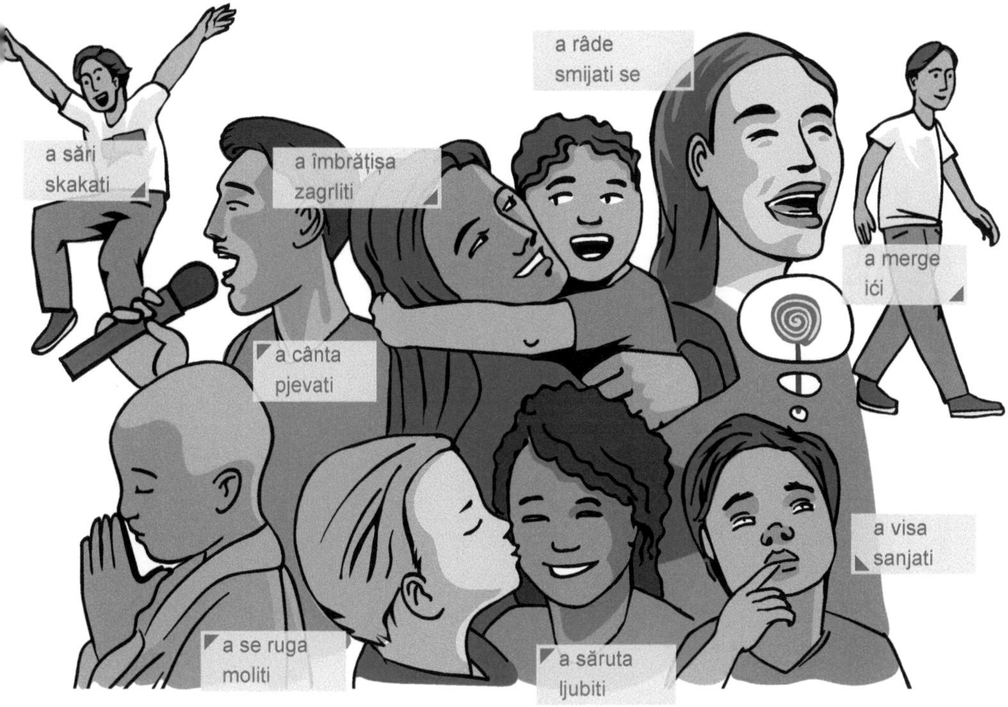

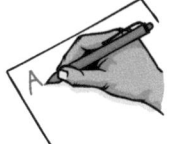

a scrie
pisati

a desena
crtati

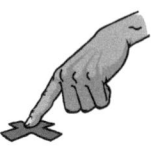

a arăta
pokazati

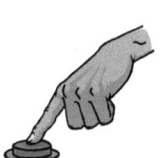

a împinge
gurati

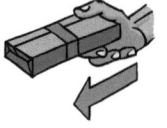

a da
dati

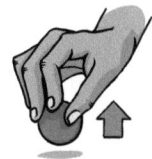

a lua
uzeti

a avea

imati

a face

raditi

a fi

biti

a sta în picioare

stajati

a fugi

trčati

a trage

vući

a arunca

baciti

a cădea

pasti

a sta întins

ležati

a aștepta

čekati

a purta

nositi

a ședea

sjediti

a se îmbrăca

obući

a dormi

spavati

a se trezi

probuditi

a privi

pogledati

a plânge

plakati

a mângâia

milovati

a se pieptăna

češljati

a vorbi

govoriti

a înţelege

razumjeti

a întreba

pitati

a asculta

slušati

a bea

piti

a mânca

jesti

a face ordine

pospremiti

a iubi

voljeti

a găti

kuhati

a conduce

voziti

a zbura

letjeti

a naviga

jedriti

a calcula

računati

a citi

čitati

a învăța

učiti

a munci

raditi

a se căsători

vjenčavti

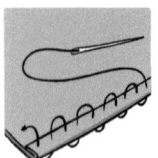

a coase

šiti

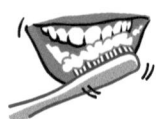

a se spăla pe dinți

prati zube

a ucide

ubiti

a fuma

pušiti

a trimite

slati

familie
porodica

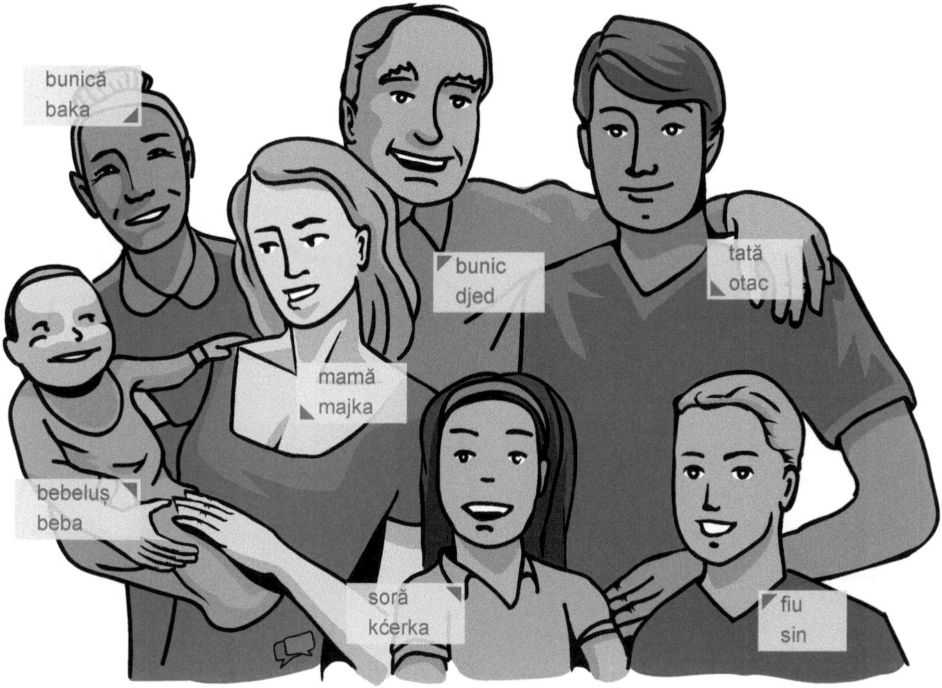

bunică
baka
bunic
djed
tată
otac
mamă
majka
bebeluș
beba
soră
kćerka
fiu
sin

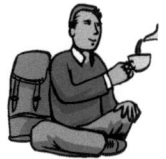

oaspete

gost

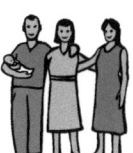

mătușă

ujna, tetka, strina

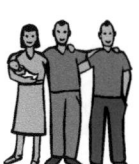

unchi

ujak, tetak, stric

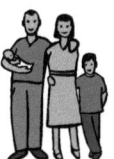

frate

brat

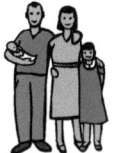

soră

sestra

corp

tijelo

frunte
čelo
ochi
oko
umăr
leđa
deget
prst
față
lice
bărbie
brada
mână
ruka, šaka
picior
noga
piept
grudi
braț
ruka

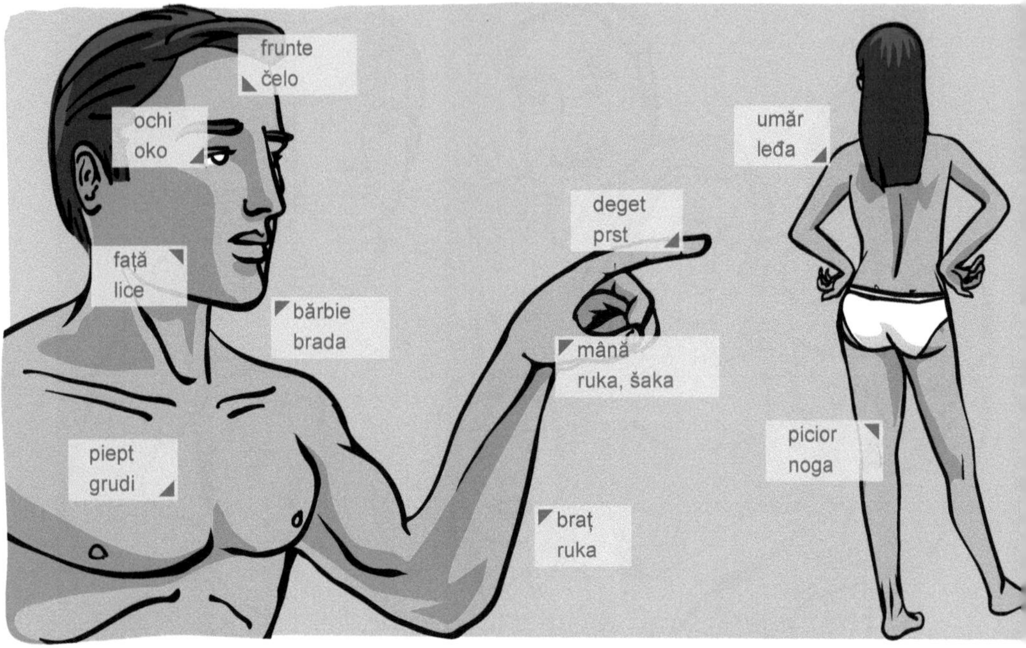

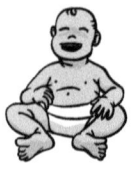

bebeluș

beba

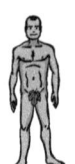

bărbat

muškarac

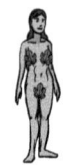

femeie

žena

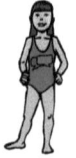

fată

djevojčica

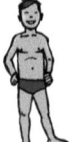

băiat

dječak

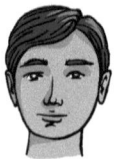

cap

glava

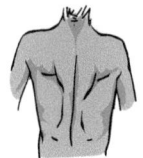

spate

leđa

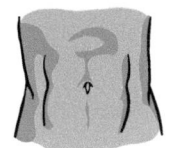

abdomen

stomak

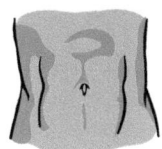

ombilic

pupak

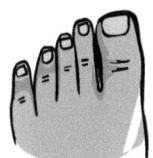

deget de la picior

nožni prst

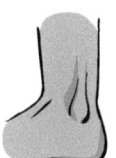

călcâi

peta

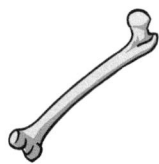

os

kosti

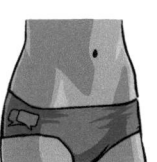

şold

kuk

genunchi

koljeno

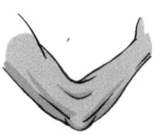

cot

lakat

nas

nos

fund

stražnjica

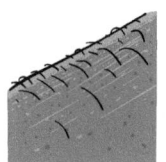

piele

koža

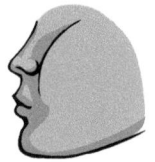

obraz

obraz

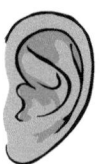

ureche

uho

buză

usna

corp - tijelo

69

gură
usta

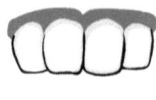

dinte
zub

limbă
jezik

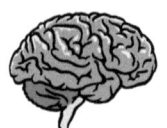

creier
mozak

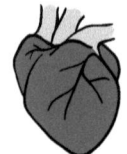

inimă
srce

mușchi
mišić

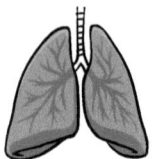

plămân
pluća

ficat
jetra

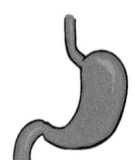

stomac
želudac

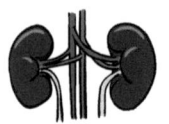

rinichi
bubreg

sex
spolni odnos

prezervativ
kondom

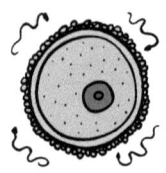

ovul
jajna ćelija

spermă
sperma

sarcină
trudnoća

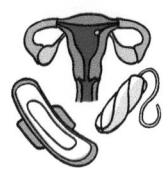

menstruație

menstruacija

vagin

vagina

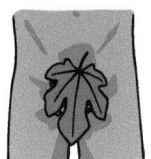

penis

penis

sprânceană

obrva

păr

kosa

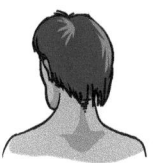

gât

vrat

spital
bolnica

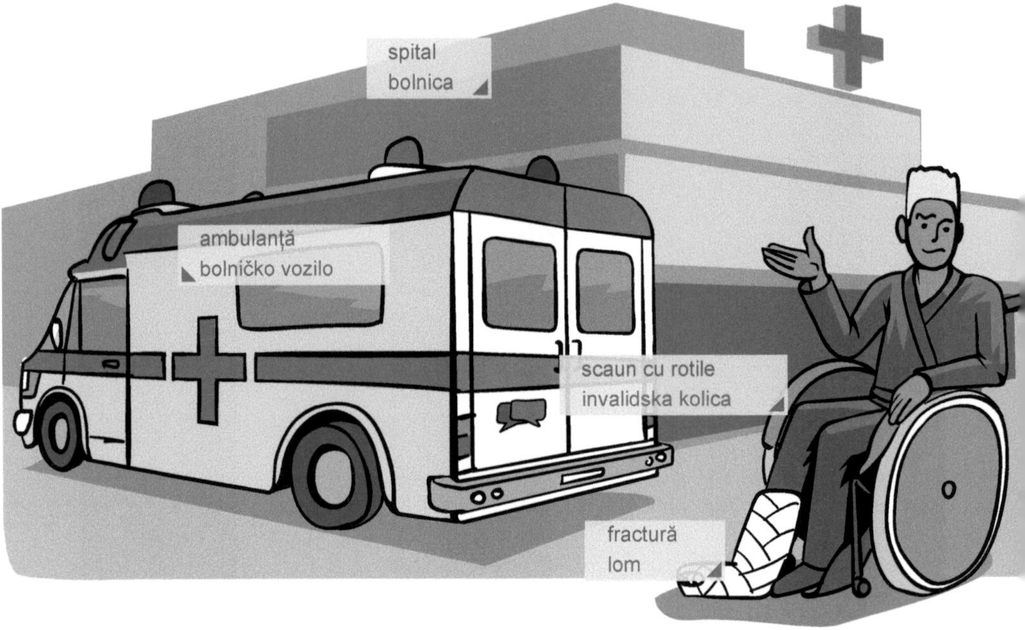

spital
bolnica
ambulanță
bolničko vozilo
scaun cu rotile
invalidska kolica
fractură
lom

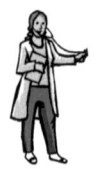

medic

ljekar

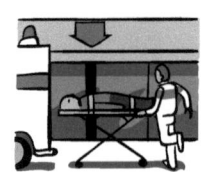

unitate de primiri urgențe

hitna služba

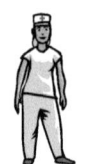

soră medicală

medicinska sestra

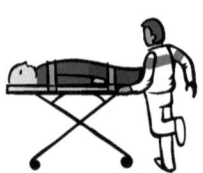

urgență

hitna pomoć

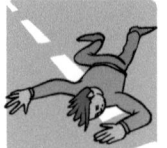

inconștient

nesvjest

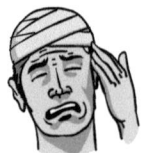

durere

bol

leziune

povreda

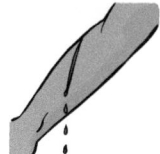

sângerare

krvarenje

infarct miocardic

srčani udar, infarkt

atac cerebral

moždani udar

alergie

alergija

tuse

kašalj

febră

groznica

gripă

gripa

diaree

proljev

durere de cap

glavobolja

cancer

rak

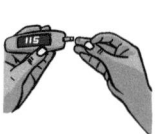

diabet

dijabetes

chirurg

hirurg

scalpel

skalpel

operaţie

operacija

CT
CT

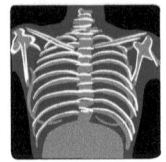

raze Röntgen
rendgen

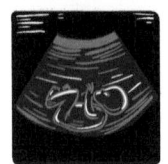

ultrasunet
ultrazvuk

mască
maska

boală
bolest

sală de așteptare
čekaonica

cârjă
štake

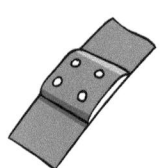

plasture
flaster

bandaj
zavoj

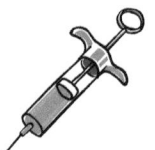

injecție
injekcija

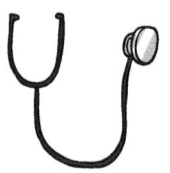

stetoscop
stetoskop

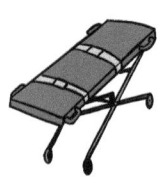

targă
nosilo

termometru
termometar

naștere
porod

supraponderabilitate
prekomjerna težina, debljina

aparat auditiv

slušni aparat

dezinfectant

sredstvo za dezinfekciju

infecție

infekcija

virus

virus

HIV/SIDA

HIV/ AIDS

medicină

medicina

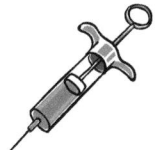

vaccin

vakcinacija

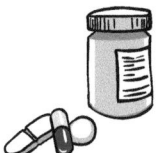

tablete

tablete

pastilă

pilula

apel de urgență

hitni poziv

aparat de măsurare a presiunii arteriale

aparat za mjerenje pritiska

bolnav/sănătos

bolestan / zdrav

Ajutor!

Upomoć!

alarmă

alarm

agresiune

napad, prepad

atac

napad

pericol

opasnost

ieșire de urgență

izlaz u slučaju opasnosti

Foc!

Požar!

extinctor

vatrogasni aparat

accident

nezgoda

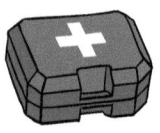

trusă de prim-ajutor

torba prve pomoći

SOS

SOS

poliție

policija

Europa

Europa

America de Nord

Sjeverna Amerika

America de Sud

Južna Amerika

Africa

Afrika

Asia

Azija

Australia

Australija

Altantic

Atlantik

Pacific

Pacifik

Oceanul Indian

Indijski okean

Oceanul Antarctic

Antarktički okean

Oceanul Arctic

Arktički okean

Polul Nord

Sjeverni pol

Polul Sud

Južni pol

Antarctica

Antarktik

pământ

Zemlja

țară

zemlja

mare

more

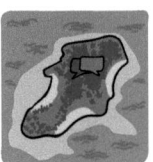

insulă

ostrvo

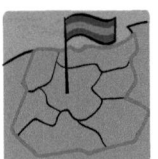

națiune

nacija

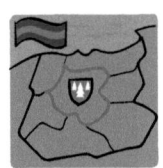

stat

država

cadran

brojčanik sata

orar

kazaljka sata

minutar

kazaljka minute

secundar

kazaljka sekunde

Cât e ceasul?

Koliko je sati?

zi

dan

timp

vrijeme

acum

sada

cead digital

digitalni sat

minut

minuta

oră

sat

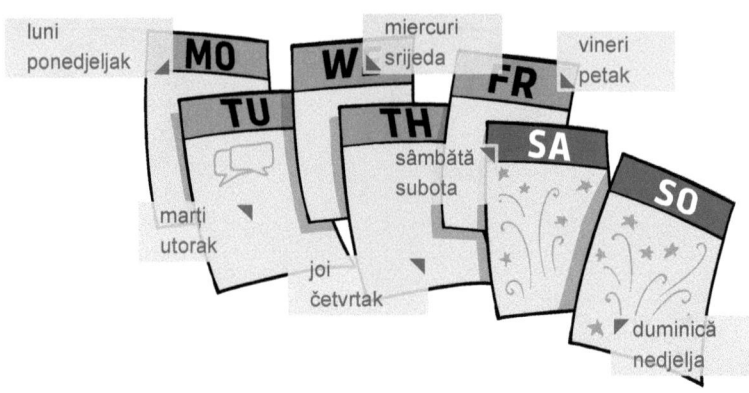

luni
ponedjeljak

MO

W srijeda

miercuri

vineri
petak

FR

TU

TH

SA

SO

sâmbătă
subota

marți
utorak

joi
četvrtak

duminică
nedjelja

ieri

juče

azi

danas

mâine

sutra

dimineață

jutro

amiază

podne

seară

veče

MO	TU	WE	TH	FR	SA	SU
1	2	3	4	5	6	7
8	9	10	11	12	13	14
15	16	17	18	19	20	21
22	23	24	25	26	27	28
29	30	31	1	2	3	4

zile lucrătoare

radni dani

MO	TU	WE	TH	FR	SA	SU
1	2	3	4	5	6	7
8	9	10	11	12	13	14
15	16	17	18	19	20	21
22	23	24	25	26	27	28
29	30	31	1	2	3	4

week-end

vikend

an

godina

ploaie
kiša
curcubeu
duga
vânt
vjetar
zăpadă
snijeg
primăvară
proljeće
vară
ljeto
toamnă
jesen
iarnă
zima

4.APRIL 11°
5.APRIL 4°
6.APRIL 13°
7.APRIL 8°
8.APRIL 10°

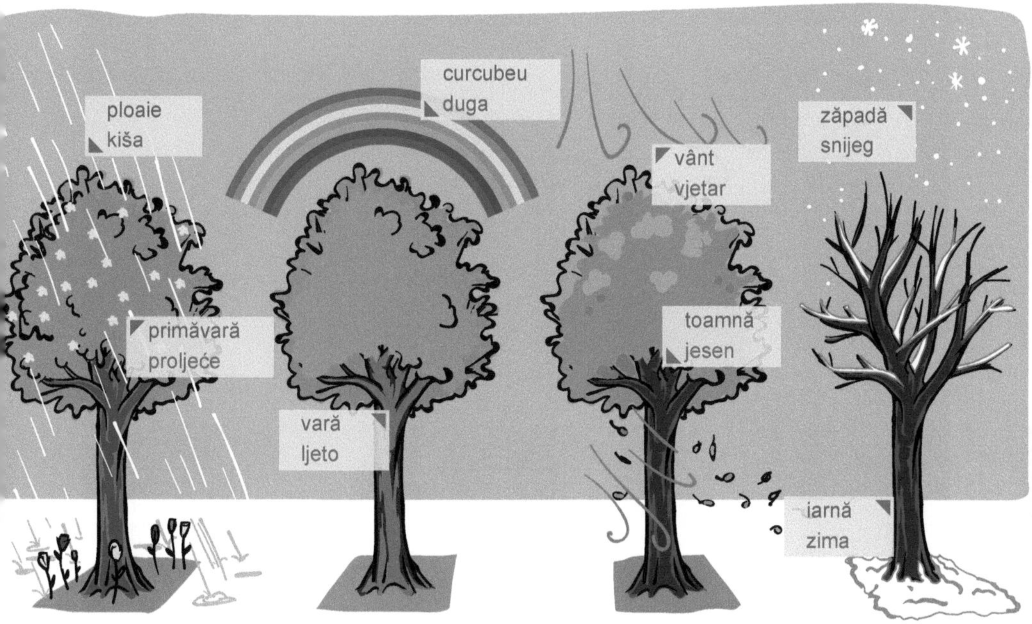

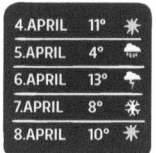

prognoză meteo

prognoza vremena

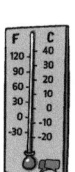

termometru

termometar

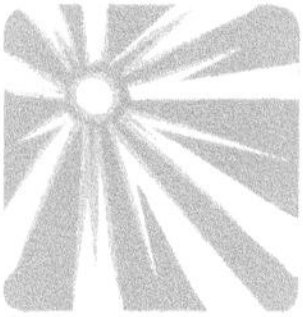

lumina soarelui

sunčev sjaj

nor

oblak

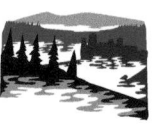

ceață

magla

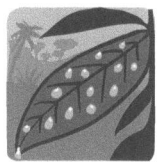

umiditate a aerului

vlažnost vazduha

fulger

munja

tunet

grom

furtună

oluja

grindină

tuča, led

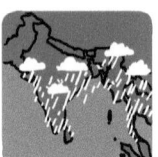

muson

monsun

inundaţie

poplava

gheaţă

led

ianuarie

januar

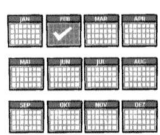

februarie

februar

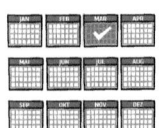

martie

mart

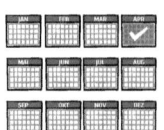

aprilie

april

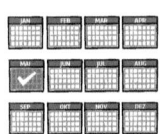

mai

maj

iunie

juni

iulie

juli

august

avgust

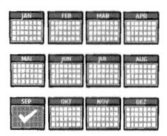

septembrie

septembar

octombrie

oktobar

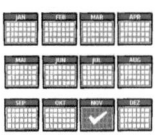

noiembrie

novembar

decembrie

decembar

cerc

krug

pătrat

kvadrat

dreptunghi

pravougao

triunghi

trougao

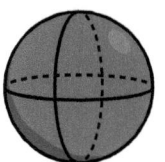

sferă

kugla

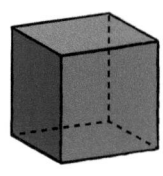

cub

kocka

alb
....
bjel

galben
....
žut

portocaliu
....
narandžast

roz
....
pink

roșu
....
crven

violet
....
ljubičast

albastru
....
plav

verde
....
zelen

maro
....
smeđ

gri
....
siv

negru
....
crn

mult/puțin

malo / mnogo

furios/calm

ljutit / miran

frumos/urât

lijep / ružan

început/sfârșit

početak / kraj

mare/mic

veliki / mali

luminos/întunecat

svijetlo / tamno

frate/soră

brat / sestra

curat/murdar

čist / prljav

complet/incomplet

potpun / nepotpun

zi/noapte

dan / noć

mort/viu

mrtav / živ

lat/strâmt

široko / usko

comestibil/necomestibil

ukusno / neukusno

rău/prietenos

zao / prijatan

emoționat/plictisit

uzbuđen / dosadan

gras/slab

debeo / mršav

primul/ultimul

najprije / najkasnije

prieten/inamic

prijatelj / neprijatelj

plin/gol

pun / prazan

tare/moale

trvd / mekan

greu/ușor

težak / lagan

foame/sete

glad / žeđ

bolnav/sănătos

bolestan / zdrav

ilegal/legal

ilegalan / legalan

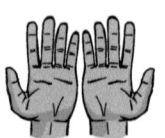

inteligent/stupid

inteligentan / glup

stânga/drepta

lijevo / desno

aproape/departe

blizu / daleko

antonime - suprotnosti

nou/uzat

nov / polovan

nimic/ceva

ništa / nešto

bătrân/tânăr

star / mlad

pornit/oprit

uključeno / isključeno

deschis/închis

otvoreno / zatvoreno

încet/tare

tiho / glasno

bogat/sărac

bogat / siromašan

corect/fals

tačno / pogrešno

aspru/neted

hrapav / glatak

trist/fericit

tužan / srećan

lung/scurt

kratak / dug

încet/repede

spor / brz

ud/uscat

mokro / suho

cald/rece

toplo / hladno

război/pace

rat / mir

0	**1**	**2**
zero	unu	doi
nula	jedan	dva

3	**4**	**5**
trei	patru	cinci
tri	četiri	pet

6	**7**	**8**
şase	şapte	opt
šest	sedam	osam

9	**10**	**11**
nouă	zece	unsprezece
devet	deset	jedanaest

12

douăsprezece

dvanaest

13

treisprezece

trinaest

14

paisprezece

četrnaest

15

cincisprezece

petnaest

16

șaisprezece

šesnaest

17

șaptesprezece

sedamnaest

18

optsprezece

osamnaest

19

nouăsprezece

devetnaest

20

douăzeci

dvadeset

100

o sută

sto

1.000

o mie

hiljada

1.000.000

un milion

milion

engleză
engleski

engleză americană
američki engleski

chineza mandarină
kinesko mandarinski

hindi
hindi

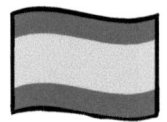

spaniolă
španski

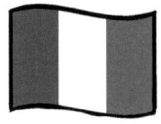

franceză
francuski

arabă
arapski

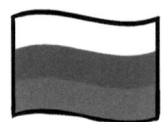

rusă
ruski

protugheză
portugalski

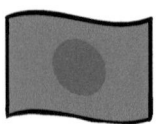

bengaleză
bengalski

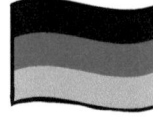

germană
njemački

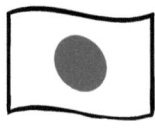

japoneză
japanski

eu
ja

tu
ti

el/ea
on / ona / ono

noi
mi

voi
vi

ea
oni

cine?
ko?

ce?
šta?

cum?
kako?

unde?
gdje?

când?
kada?

nume
ime

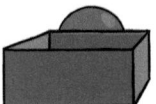

în spate

iza

în

u

înainte

pred

peste

iznad

pe

na

sub

ispod

lângă

pored

între

između

loc

mjesto